# नीर

Pratima Sharma

BookLeaf
Publishing

India | USA | UK

Presentation by *BookLeaf Publishing*

Web: www.bookleafpub.com

E-mail: info@bookleafpub.com

ISBN: 9789363314108

First edition 2024

कैलाशों के वासी को समर्पित

# मैं नीर बनना चाहती हूँ

एक अरसे बाद,
आज अचानक मन किया कि कोई पूछे
"क्या बनना चाहते हो?"
"क्या करना चाहते हो?" नहीं, "क्या बनना चाहते
हो?"
अभी कल ही एक दोस्त ने भावुकता से पूछा था
कि "क्या करना चाहते हो ज़िंदगी में? कुछ सोचा है?
कुछ सोचोगे?
अच्छा लगा
पर न जाने क्यों अब कोई नहीं पूछता कि "क्या बनना
चाहते हो?"
शायद वो लोग जो यह सवाल बार-बार पूछा करते थे,
बचपन के किसी बंद दरवाज़े के पीछे रह गए हैं
शायद उस दरवाज़े पे कोई ताला लगा है
वरना वो लोग
जो उस दरवाज़े के पीछे हैं,
फिर से घर आते ज़रूर

बेटा 'पोयम' सुनाओ ,
गाना सुनाओ, कहते ज़रूर
धीमे से हाथ पकड़ के
"क्या बनना चाहते हो?" पूछते ज़रूर।

वैसे काफ़ी मुश्किल था
इस प्रश्न का जवाब देना
कभी लगता था कि डॉक्टर कह दूँ,
अक्सर डॉक्टर कहने पे वो लोग मुस्कुरा जाया करते
थे
कभी लगता था कि इंजीनियर कह दिया जाए,
लोग उस पर भी मुस्कुराने लगे।
सिंगर और डांसर जैसे जवाबों पे अक्सर मुस्कान
गायब थी,
तो डॉक्टर और इंजीनियर कहने की आदत सी हो
गई।
वक़्त के साथ-साथ ये सवाल कहीं गुम होता गया और
फिर वो लोग भी।

आज अचानक फिर से मन किया है,
कि कोई हाथ पकड़े और पूछे
"क्या बनना चाहते हो?"
और इस बार,
किसी की मुस्कान की परवाह किए बग़ैर
मैं ख़ुद मुस्कुरा के कहूँ कि "मैं नीर बनना चाहती हूँ।"

कभी निराकार नदी बनकर बहना चाहती हूँ।
कभी बर्फ़ बनकर निराकार से आकार में आने की
प्रक्रिया को महसूस करना चाहती हूँ,

कभी बरसना चाहती हूँ ,
रिमझिम भी, धुआंधार भी
कभी समुद्र होकर "शांत" शब्द के असली मायने
समझना चाहती हूँ।
कभी किसी किसान का इंतज़ार,
कभी आँख की चमक बनना चाहती हूँ।
और अब मैं निश्चिंत हूँ
कि यही बिल्कुल सही जवाब है एक खोये हुए सवाल
का
कि "मैं नीर बनना चाहती हूँ।"

# एक बूँद रोशनी

किसी ने कहा है हमसे
कि कुछ भी माँग लो,
कुछ ये जगह है ऐसी,
कुछ वक़्त है ऐसा,
कि ख़ाली हाथ नहीं लौटोगे।
हम एक बूँद रोशनी हाथ में लिए खड़े हैं,
और सोचते हैं,
कि चलो, घनी अंधेरी रात माँग लेते हैं
एक बूँद रोशनी खूब जमेगी
उस अंधेरी रात में।

# या नहीं

दिल और दिमाग़ में एक जंग सी चल रही थी,
जंग नहीं, तर्क कह देते हैं,
तर्क ये कि आज लिखें या नहीं,
दिन भर मचलते विचारों को समेटें या नहीं,
वो बात जो दिल में चुभी बैठी है,
उसे पन्नों पे उतार के आगे बढ़ें या नहीं
कुछ पल खामोशी में बैठ,
फिर नये सपने बुनें या नहीं।

काफ़ी तर्क-वितर्क के बाद
दिल विजयी हुआ
और उसी पुरानी मेज़ पे बैठ लिखना तय हुआ
अब मेज़ के आगे खड़े हैं
एक अरसे से जमी धूल हटाएँ या नहीं
ड्रॉअर में रखे काग़ज़ के पन्ने निकाल तो लिये
अब लिखने से पहले
रंग-बिरंगी पेन से इन्हें सजाये या नहीं

तनिक पानी पी लेते हैं
अच्छा रहेगा
और सामने रखे संतरी स्पीकर पे किशोर कुमार के
गाने बजा दें
और अच्छा रहेगा
कुर्सी खिसकाएँ
बैठ भी जाएँ
धीमे-धीमे से 'कोरा काग़ज़ था ये मन मेरा' गुनगुनाए
और सोचते जाएँ
कि कलम उठाएँ या नहीं
एक सपना सा लग रही है फ़िलहाल ज़िंदगी
होश में आएँ या नहीं।

# रंग

आज फिर आसमान को देखा
और मुस्कुरा दिए
अपनी मेज़ पे बिखरे रंगों के डिब्बों सा लगा
कुछ संतरी
कुछ लाल
कुछ नीला
पर बिखरा हुआ
कुछ बिखरे कागज़ के टुकड़ों जैसे बादल भी थे
कुछ हाथी, घोड़ों और किताबों की शक्लों से भरे
बिल्कुल मेरी मेज़ की तरह
फिर से उसे देखा और मुस्कुरा दिये
यूँ सोचा कि मानो
ये आसमान भी किसी की मेज़ हो
और वो मुस्कुरा रहा हो कहीं
मेरी तरह
मेरी मेज़ पे बिखरे रंगों को देख के

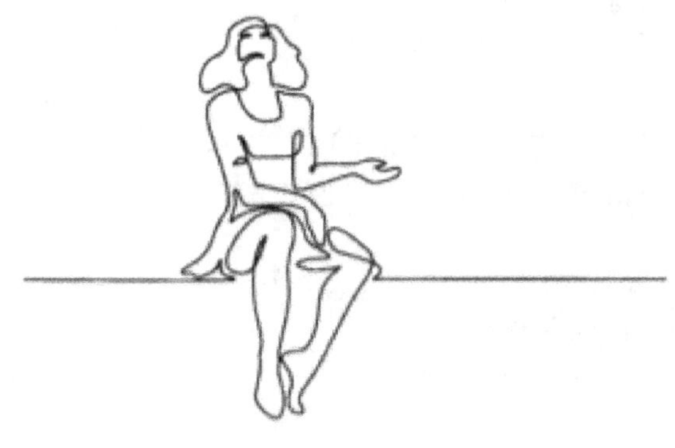

# ख़्वाबों का बस्ता

सोचते हैं कि बस, अब नीचे रख दें
कुछ भारी सा हो गया है ये ख़्वाबों का बस्ता

काफ़ी शौक़ से चुना था
इस बस्ते को
और उससे भी ज़्यादा शौक़ से भरा था
कुछ बड़े
और बहुत सारे छोटे-छोटे ख़्वाबों से

शत-प्रतिशत तो नहीं पता
पर एक धुंधली सी याद है
गाँव में लगे मेले वाले दिन ही ये बस्ता चुना था
और उसी दिन उसमे भरा गया वो पहला ख़्वाब
"एक की जगह तीन प्लेट जलेबी खाना
और खाते-खाते चण्डोल झूलना"
उस वक़्त के लिए काफ़ी बड़ा ख़्वाब था
आज 25 साल बाद भी बस्ते के एक छेद से
बाहर झांक रहा है वो ख़्वाब
अब भी तलाश में है
मेले और चण्डोल दोनों की

हाथ अंदर डाल के खंगालने से डर लगता है
कन्ही चुभ ना जाये कोई टूटा टुकड़ा

फिर भी, एक बार खंगाल लेते हैं
नीचे रखने से पहले
थोड़ी सावधानी से

लाल की जगह पीली पेंसिल
देवदार, जलती लकड़ी की महक, बहता पानी
चाय.... गरमागरम
काली होंडा सिटी
12 शिव लिंग
इन्द्रहार पास के पास वाली झील
सफ़ेद बिल्ली
नीला लहंगा
एक मेज़
और रंग, बहुत सारे रंग
कैनवस, कैंची, फेविकोल
झरने, समंदर, झील
फूल, ठहाके, शाम

बस काफ़ी है
इतना खंगाल लेना
सच में बहुत भारी हो गया है
ख़्वाबों का बस्ता
सोचते है की बस अब नीचे रख दें
पर क्या बेख़्वाब हो कर जिया जाएगा?

# कह देना था

प्यार है,
कह देना था।
पर ठहर गये
सोचा, थोड़ा वक़्त ले लें
सोचा, थोड़ा और जान लें
सोचा, क्या प्यार है उन्हें भी?
हमसे…या किसी और से
सोचा, कल कह देंगे
वक़्त बहुत है
पर, कह देना था
उसी वक़्त,
प्यार है।


वो पहली दफ़ा वाली मुस्कान याद है
कह देना था उसी वक़्त की ग़ज़ब मुस्कुराती हो
उसका पहली बार कंधे पे सिर रखना भी याद है
एक शाम बैठकर एक पत्थर पर दूसरा पत्थर रख घर
बनाना याद है
और देर रात बातें करते करते सुबह हो जाना याद है
अच्छा लगा था,
इतना अच्छा की जीवन की अति सुंदर स्मृति बन
गया
पर
"ग़ज़ब मुस्कुराती हो" ये कहना याद नहीं
"तुम्हारा साथ होना सब थकान ग़ायब कर देता है" ये
बताना याद नहीं
"बचपना बचा कर रखना" ये बोल देना भी याद नहीं

"बहुत प्यार है तुमसे" ये कहना याद नहीं

# चाय

दो चम्मच चीनी, एक छोटी इलायची, और कूट के
थोड़ा अदरक
कुछ ऐसे बनानी सिखाई जा रही थी हमें चाय
और हम सोच में थे कि चंद लम्हों में उसके बारे में
और क्या-क्या पता कर लिया जाए

मीठा तेज़ पसंद है याद रखेंगे
और ज़्यादा दूध नापसंद
आँच धीमी होनी चाहिए कहा था
तो लगता है जल्दबाज़ी से है शिकन

बार-बार बाल खोल जूड़ा बना लेने की आदत है
ठीक उसी तरह जैसे बार-बार चाय पीने की
कहती है, परोसने वाली प्याली भी उतनी ही
महत्वपूर्ण है जितना स्वाद
तो लगता है बारीकियाँ पसंद है

चाय दवा है चाहे मर्ज़ कोई भी हो
चाय की चुस्कियों के साथ बातें ज़रूर होगी चाहे
सामने कोई भी ना हो
पर क्या ये सौभाग्य नहीं कि हर चाय के साथ कोई हो
सामने नहीं तो ख़्यालों में सही
कोई भी महत्वपूर्ण प्याली कभी अकेला महसूस ना
करे
एक और प्याली हो
चाहे आधी ही सही

कुछ पूछना चाह रहा हूँ
पर असमंजस में हूँ
मुझे महत्त्वपूर्ण प्याली पसंद है
या महत्त्वपूर्ण प्याली का साथ बनना
मुझे चाय पसंद है
या चाय की चुस्कियों के साथ का ख़याल बनना
मुझे तुम पसंद हो
या तुम्हारी कल्पनाओं में ख़ुद को ढूँढना।

# दो पल ठहर

कभी दो पल ठहर
इस भागती ज़िंदगी में ठहरना भी अच्छा है
कभी यूँही मुस्कुरा
किसी पल में बेवजह मुस्कुराना भी अच्छा है
कभी बातें कर किसी अजनबी से
अजनबी बातों का अपनापन भी अच्छा है
और कभी निकल जा अनदेखी राहों पे बिना सोचे
अनजान राहों पे भटकना भी अच्छा है
कभी कुछ तो गुनगुना
बिना सुर ताल गाते जाना भी अच्छा है
कभी बैठ देख डूबता सूरज
इन हसीन रंगों का आँखों में समा जाना भी अच्छा है
कभी कोशिश कर फिर से आसमान में तारे गिनने की
थोड़ा-थोड़ा बचपन याद आना भी अच्छा है
कभी यूँही लेट आसमान में देख हाथी घोड़े
भरी जवानी में बच्चा हो जाना भी अच्छा है
दौड़ें जीत
ठहाके लगा
कभी अपने ही कंधे पे थपकी लगा
और फिर
कभी दो पल ठहर
इस भागती ज़िंदगी में ठहरना भी अच्छा है

# एक दफ़ा

एक पन्ने पे निगाह कुछ अटक सी गई है
दिल कहता है इक दफ़ा दोहरा लेने दे
कुछ इन शब्दों को इश्क़ हो चला है वादियों से
किताब कहती है थोड़ा हवा में इठला लेने दे
कुछ बहता पानी, कुछ चहकती हवा,
कुछ सामने की पहाड़ी से धीमे से उतरती बारिश की
छनक
मन कहता है इसी छनक संग गा लेने दे
कुछ होंठों पे खामोशी खुद भी खामोश सी
जो कह रही है बार-बार कि बस मुस्कुरा लेने दे

कुछ बारीक सी बूँदें आ पड़ी हैं इस पन्ने पे अब
कहती है थोड़ा हमें भी यहाँ सुस्ता लेने दे
बड़ा मिहीन लिखा है किसी लिखने वाले ने
एक बार हमें भी नज़र घुमा लेने दे

कुछ दूर-दूर की बातें हैं
इतना दूर कि ख़ुद के भीतर पहुँचा दे
और अब भीतर से खोज लाये जो मोती
मन कहता है मोती पिरो के ख़ुद को सजा लेने दे

क्या मिलना हो पाएगा कभी
ये दूर-दूर की बातें लिखने वाले से
मुश्किल है
पर फिर भी ख़्वाब सजा लेने दे
अभी एक पन्ने पे निगाह थोड़ी अटक सी गई है

दिल कहता है एक दफ़ा दोहरा लेने दे
एक दफ़ा दोहरा लेने दे

# भविष्य स्व

कहाँ हो, कैसी हो, नहीं पूछेंगे
लगा कुछ जवाब चाहिए, तो सोचा तुम्हें चिठ्ठी लिख
दें
प्रश्न बहुत हैं
दिल असमंजस में भी है
कुछ ठोकरें खा चुके हैं
पर कुछ उपलब्धियाँ भी हैं
लगा तुम्हें बताना चाहिए, तो सोचा चिठ्ठी लिख दें

कुछ किताबें पढ़ी हैं
कुछ लिखने लगे हैं
कभी-कभी बस ख़ुद की ख़ातिर
बेवजह संवरने लगे हैं
फ़िलहाल नौकरी छोड़ दी है
और कुछ बुरी आदतें भी
एक सपना है जो अभी भी अधूरा है
क्या अलग करें सोचते हैं

लगा तुमसे पूछना चाहिए, तो सोचा चिट्ठी लिख दें

अभी किसी ने सवाल किया था
"5 साल में अपनी ज़िंदगी कैसी देखती हो?"
और उसका जवाब ढूँढते-ढूँढते ख़ुद से पूछ बैठे
कि कंधे पे सफलताओं की फित्तियाँ
या फिर दिल में सुकून चाहती हो?
क्या दोनों चाहना और पा पाना संभव नहीं?
लगा तुम्हें ज़रूर पता होगा, तो सोचा चिट्ठी लिख दें

बहुत कुछ नया सीखा है
जब मौक़ा मिले मुस्कुराते जाना
किसी भी परिस्थिति से कुछ सकारात्मक ढूँढ लाना
अपने आप को थोड़ा ज़्यादा चाहना
और कुदरत के साथ थोड़ा ज़्यादा वक़्त बिताना
लगा शायद तुम्हारे काम आएगा, तो सोचा चिट्ठी
लिख दें

दोस्त बनाने में अभी भी थोड़े कच्चे हैं
बातें जल्दी भूलना सीखना अभी बाक़ी है
एक सपना है जो अभी भी सजाये बैठे हैं
कुछ रास्ते चुने है जिनपे चलना अभी बाक़ी है
उन रास्तों पर इत्मीनान तो है ना?
लगा तुमने महसूस किया होगा, तो सोचा चिट्ठी
लिख दें

तुम्हारी चिट्ठी का यूँ तो हमें इंतज़ार नहीं
पर कभी यूँही इशारे पढ़ने को करता है दिल

मेरे असमंजस भरे सवालों का जवाब तो होगा तुम्हारे
पास, तुम भविष्य स्व जो हो
तो कभी तुमसे जवाब माँगने को करता है दिल
या फिर ख़ुद ही जवाब ढूँढना बेहतर होगा?
लगा ये तुम्हारा निर्णय है, तो सोचा चिट्ठी लिख दें

# मैजिक

"मैजिक में विश्वास रखती हो?"
एक बार पूछा था उसने,

आज लगता है कि हाँ कह दूँ,
रेत,
समंदर,
ठंडी हवा,
सन्नाटा,
डूबता सूरज
और हाथों में उसका हाथ,
अब इन सबको तो मैजिक कहा ही जा सकता है ना?

# काफ़ी मुश्किल रहा होगा

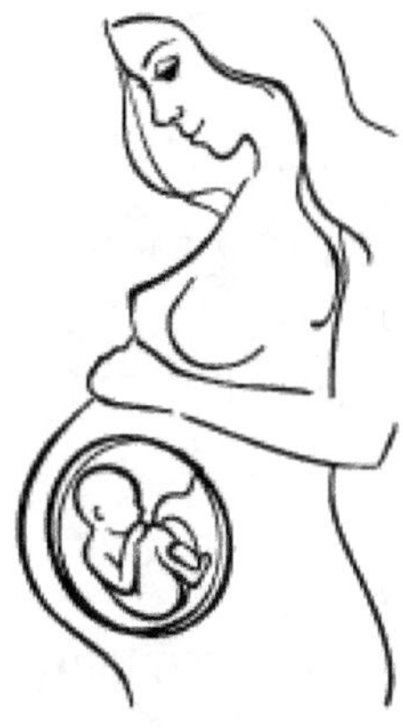

बहुत मुश्किल रहा होगा ना
माँ बनना?
नहीं, बिल्कुल नहीं
अपने बच्चे की माँ बनना बिल्कुल मुश्किल नहीं था
पर समाज की अपेक्षाओं वाली माँ बनना ज़रूर
मुश्किल था
मुश्किल था नहीं अभी भी मुश्किल है
और मेरा अनुमान है कि सदियों से रहा होगा

सबसे महत्वपूर्ण है निर्णय
माँ बनने का निर्णय लेना मुश्किल नहीं है
किंतु ये निर्णय लेने का अवसर ना मिल पाना काफ़ी
मुश्किल रहा होगा

माँ तो गर्भधारण के समय ही माँ बन जाती है
तो प्रेम और ज़िम्मेदारी मुश्किल नहीं है
किंतु उस ज़िम्मेदारी में कोई साझेदारी ना मिल पाना
काफ़ी मुश्किल रहा होगा

नन्ही जान का जन्म तो उत्कृष्ट और भावुक है
और साथ में है एक नये अध्याय की शुरुआत
पर माँ का पुनर्जन्म भी इतना मुश्किल नहीं है
किंतु इस पुनर्जन्म के साथ पुराना हर अंश मिटा देना
काफ़ी मुश्किल रहा होगा

हमारा समाज काफ़ी अपेक्षी है
और इसका "माँ से अपेक्षाओं" का पिटारा काफ़ी बड़ा
है
जैसे,
बच्चों की ज़रूरतों को ख़ुद की ज़रूरत से पहले रखना
और ख़ुशी-ख़ुशी जीना शायद इतना मुश्किल नहीं है
किंतु अपनी ज़रूरतों को पूर्णतः भूल जाना काफ़ी
मुश्किल रहा होगा

प्यार करना कहाँ मुश्किल होता है
प्यार से कैसे बिगड़ जाएगा बच्चा ये समझ पाना
मुश्किल रहा होगा

जहां सपने बड़े हो
वहाँ काम करने के लिए समय निकालना मुश्किल
नहीं
किंतु, स्वार्थी माँ कहलाना काफ़ी मुश्किल रहा होगा

बचपन से सुनते आये हैं
भगवान की तरह होती है माँ
माँ बनना तो मुश्किल नहीं था
पर भगवान बन कर दिखाना काफ़ी मुश्किल रहा होगा

# जी चाहता है

कब से खड़ी हूँ मीनारों के इस जंगल में
आज कहीं दूर जाने को जी चाहता है

वो गीत जो गुनगुनाते है भँवरे मेरे गाँव में
उस गीत को गुनगुनाने को जी चाहता है

इन हज़ारों बत्तियों की चकाचौंध से दूर
जुगनू को सिरहाने बिठाने को जी चाहता है

इन मीनारों की दीवारों में क़ैद है जो हवा
किसी ऊँचे पहाड़ पे जा उसे छुड़ाने को जी चाहता है

उड़न खटोले में उड़ने के मौक़े तो हज़ारों है
मेरा पंछी बन आकाश में उड़ जाने को जी चाहता है

इन उजालों के शहर में फैला है बस अंधेरा
इस अंधेरे में दिया जलाने को जी चाहता है

यहाँ झूठी हँसी लोग हंसते बहुत है
मेरा खुल के खिलखिलाने को जी चाहता है

वो तारे जो गुम हो गये यहाँ के आसमान से
उन्हें फिर से ढूँढ लाने को जी चाहता है

लाखों की आबादी में भी अनजान हैं सारे
मेरा अपनों से मिल आने को जी चाहता है

हर वक़्त चहकता रहता है ये शहर
मेरा पहाड़ों में लौट जाने को जी चाहता है

# मैं दूर खड़ी हूँ

इस दिल में चलती आँधियाँ
कहीं परतें उठाती
तो कहीं मिट्टी बिछाती हुई
कहीं सदियों से खड़े वृक्षों से लड़ती
तो कंही रंगीन चुनरिया उड़ाती हुई
मैं दूर खड़ी हूँ
कोसों दूर
कोशिश में हूँ
इस बार ये आंधी थमे नहीं
इस बार कोई परतें छुपे नहीं
जहाँ बिछनी है मिट्टी बिछ जाए इस तरह
किसी तूफ़ान से भी फिर ये हटे नहीं
जिनकी जड़ें बहुत गहरी हैं इस दिल की मिट्टी में
मुझे यकीन है
वो इस आंधी से लड़ के भी खड़े रहेंगे
अटल
अडिग
और निर्भय यूँ ही
हल्के से टूटे पर बिखरे नहीं
और वो जो नहीं लड़ पाएंगे
वो गुम हो जाए कहीं
क्षितिज में छुपते सूरज की तरह
समंदर में खोती लहरों की तरह
बारिश में घुलते अश्कों की तरह
और एक रात से उभरती सुबह की तरह
मैं दूर खड़ी हूँ

कोसों दूर
कभी सहमी तो कभी मुस्कुराती हुई
इंतज़ार में हूँ
कब ये आंधी थमे कब शाम ढले
और फिर
एक सवेरा हो फिर से
नई कोपल खिले अडिग वृक्षों की छाँव में
बेख़ौफ़ बहती मस्त हवाओं में
मैं दूर खड़ी हूँ
कोसों दूर।

# सच

गर्मी के दिन
दोपहर का समय
और तेज़ चलता पंखा
सोचते हैं क्या पंखे के बारे में लिखा जा सकता है?
क्या पंखे पर लिखी गई कविता लिखने वाले को कवि
बना सकती है?
और क्या सच में पंखे की हवा,
गर्मी के दिन,
दोपहर के समय में फैली निराशा को मिटा सकती है

इसी सोच विचार के बीच कोई आकर पूछ लेता है
काफ़ी गंभीर और गुम से लग रहे हो
परेशान हो क्या?
और फिर वक़्त बीतने लगता है इसका जवाब ढूँढने में
क्या चुपचाप मान लेना चाहिए कि मैं सोच रही थी
पंखे के बारे में
काफ़ी गंभीरता से।
उसका रंग
उसपे जमी धूल
उसका जन्म स्थान
उसका डिज़ाइन अप्रूव करने वाला डिज़ाइनर
क्या उसने महसूस किया होगा
इस पंखे की हवा को
गर्मी के दिन
दोपहर के समय में।
क्या वो खुश रहा होगा

अपनी नौकरी से
क्या उसने सुकून महसूस किया होगा
इस अप्रूवल के बाद
काफ़ी गंभीर विषय है
सोचने के लिए

क्या ये सच बता देना सही रहेगा
या फिर ज़्यादा आसान है बस ये कह देना कि अपसेट
हूँ
नहीं ये सही जवाब प्रतीत नहीं होता
अपसेट होना कई सवालों के पिटारे को खोल देता है
"मूड ठीक नहीं है" कह देना ज़्यादा उचित रहेगा
ये पूर्ण विराम का काम करता है
शायद ये पूर्ण विराम पंखे की गंभीरता भरे सच बताने
से बेहतर रहेगा
हाँ
सही रहेगा
"बस मूड ठीक नहीं है।"

# चाहत

आज चाहत है
कि बस ख़ामोश रहूँ
यूंकि नहीं कि उदास हूँ
बल्कि यूँ
कि बस ख़ामोश रहने की चाहत है

कुछ हवाओं को सुन लूँ
कुछ महक समेट लूँ
कुछ यादों को मिल आऊँ
कुछ सपने ही बुन लूँ
कुछ बारिश को छू लूँ
कुछ रंगों में भीग जाऊँ
पर ख़ामोश रहूँ
आज बस ख़ामोश रहने की चाहत है

# हे शिवा

हे शिवा
तू कहीं तो है
देख रहा है मुझको यूँ उलझे हुए
कभी तुझसे मुँह मोड़े
तो कभी तेरे आगे झुकते हुए

तुझे महसूस किया है मैंने
उन सफ़ेद पहाड़ों को निहारते हुए
खुले बाल उड़ाती हवा को सुनते हुए
कभी बादलों में शक्लें बनाते
तो कभी खुले आसमान के नीचे तारे गिनते हुए

हे शिवा
तू कहीं तो है
और देख रहा है मुझे

कभी तुझे पा लेने की चाहत में
तेरे कैलाश सी जन्नत में बस जाने की ख्वाइश में
कभी दुनिया जीत लेने की हसरत में
तो कभी ख़ुद से मोहब्बत कर लेने की फ़ुरसत में

तू कहीं तो है
हे शिवा
तू कहीं तो है

मंदिर में नहीं, तो बर्फीले पहाड़ों में सही
मंत्रों में नहीं, तो झरने की गूंज में सही
धूप बत्ती में नहीं तो फूलों की ख़ुशबू में सही
और किताबों में नहीं तो किसी की कलम में सही

तू कहीं तो है
देख रहा है मुझको अब यूँ मुस्कुराते हुए
कुछ कहते हुए, कुछ गुनगुनाते हुए
कुछ एक बार फिर से कलम उठाते हुए
और कुछ फिर से कहीं खो जाते हुए

हे शिवा
तू कहीं तो है
और देख रहा है मुझे
तू कहीं तो है
तू कहीं तो है

# चल

चल फिर से नये रास्तें ढूंढें
चल फिर से नई पहचान चुनें
चल फिर से खो जाएँ कहीं
चल फिर से नई कहानियां बुनें
कुछ शहर नया
कुछ गलियां नई
कुछ हम भी नये से
कुछ बातें नई
चल एक बार फिर छोड़ जाएँ
जाने पहचाने सिरहाने पे ख्वाब
चल एक बार फिर भूल जाएँ
अनकहे सवालों के अधूरे जवाब
धीमे-धीमे चलती रेलगाड़ी
और उसगें चाय की चुराकियों रांग बढ़ती बातें
सीटियाँ बजाती तेज़ हवा
और उसमें हाथ फैलाए गहरी सांसें
चल एक बार फिर से जियें
ज़िंदगी वो कुछ ख्वाबों वाली
चल एक बार फिर से कहें
बातें वो किसी से न कहने वाली
चल एक बार फिर से मिलें
खुद से वहां जहाँ कोई बंदिश नहीं है
चल एक फिर से चलें
उन रास्तों पे जहाँ सुना है कि कोई कल नहीं है

# बरसात

कुछ रोज़ पहले इंतज़ार में थे
कब बादल आसमान को ढक दे
कब कुछ बूँदें बरस के मिट्टी से मिलने आये
कब चाय की चुस्कियाँ बढ़ती रहें
कब खिड़की पे पड़ती रिमझिम की आवाज़ में हम सो
जाए
कुछ दिन बीते
और हम अब भी इंतज़ार में हैं
कब रुकती सी दुनिया चले
कब फिर से आँगन में धूप खिले
कब फिर से बरसात थमे
और कब फिर से मिट्टी की खुशबू का इंतज़ार करें

# डूबता सूरज

कुछ तो अलग है
डूबते सूरज में
कुछ खूबसूरत सा
कुछ पहली बार बर्फ़ को छूने के एहसास जैसा
और शायद कुछ जादू से भरा
वो धीमे-धीमे से रंगों का बदलना
और गहरा होते चले जाना
मानों कोई रिश्ता सा हो
जो आँखों से शुरू हुआ और
मुस्कुराहटों, बातों और मुलाकातों से गहरा होता रहा
दिन भर सूरज का तेज़ चमकना
और हमारा नज़रें न मिला पाना
पर शाम होते ही फिर सब बदल जाना
कभी-कभी माँ सा लगता है
मानो दिन भर की डाँट डपट के बाद
गोद में सुला के माथे को सहला रही हो जैसे
कुछ तो अलग है
डूबते सूरज में
कुछ खूबसूरत सा
कुछ पहली बार बर्फ़ को छूने के एहसास जैसा

# इजाज़त

इजाज़त है तुम्हें
एक ज़िंदगी शरारत की जियो
थोड़ी वो जो झलक जाए आँखों में
थोड़ी वो जो मुस्कुराए तुम्हारी बातों में
थोड़ी वो जो हाथों से फिसलती सी दिखे
थोड़ी वो जो ज़ुल्फ़ों में मचलती सी दिखे

इजाज़त है तुम्हें
एक ज़िंदगी शरारत की जियो
कभी ख़ुशी के बादलों पे नाचती
कभी आंसुओं के समंदर में डूबी
कभी पहाड़ों की ऊंचाइयों से चिल्लाती
कभी पलकें झुका के शरमाती
कभी हद की हदों से आगे गुज़र जाती
और कभी अनजाने शहर में कहीं गुम हो जाती

बारिशों में भीगी, पसीने में लिपटी
और कभी मखमली सिरहाने पे थमी
बिना किसी ख़ौफ़, बिना किसी शिकायत
एक ज़िंदगी क़यामत की जियो
इजाज़त है तुम्हें
एक ज़िंदगी शरारत की जियो।

# हे शिवा

हे शिवा
बहुत तेज़ भाग रही है ज़िंदगी
चलो आज रुक के फिर से बातें करें
बड़ा वक़्त गुज़र गया तुमसे मिले
चलो आज फिर से मुलाकात करें
कुछ किताबें पढ़ी हैं
आखिरी वाली मुलाकात के बाद
कुछ नए लोगों से मिले हैं
आखिरी वाली बात के बाद
कुछ समन्दर को महसूस कर आए
आखिरी वाले सवालों के बाद
कुछ डूबते सूरज की लालिमा समेत रखी है
आखिरी वाले जवाबों के बाद

हे शिवा
बस यूँ चार लफ़्ज़ों में सिमट गई कहानी मेरी
चलो अब इस कहानी से दूर चलें
चुपके से ले जा मुझे मेरे ही भीतर
तेरा हाथ थामे अब हम खुद से मिलें

हे शिवा,
तू दुनिया के रंग और कोरा कागज़ हूँ मैं
तू जीने का ढंग और बस एक शरीर हूँ मैं
तू आसमान और उड़ती पतंग हूँ मैं
तू सूरज और जलता दिया हूँ मैं
हे शिवा

तू रास्ता तू मंज़िल और राही हूँ मैं
तू अद्भुत कैलाश और बस एक कंकर हूँ मैं
तू अपार समन्दर और एक बूँद हूँ मैं
शुक्रिया शिवा
ये बताने का मुझे
तू पूरा ब्रह्माण्ड तो है पर तेरा ही अंश हूं मैं

# बेहतर

वो ख़फ़ा है हमसे
कि हम मिलने नहीं आए
उन्हें कहना था जो
वो हम सुन नहीं पाये
कुछ बातें थी जो
अधूरी सी रह गयी
कुछ यादें थी जो
धुंधली सी पड़ गईं

उन्हें नाराज़ करना हमें बुरा सा लगा
यूँ उनका हमें ना समझ पाना हमें अलग सा लगा
हमारे दिल ने कहा कि अब वक़्त है ख़ुद से मिलने का
और ख़ुद से मिलना हमें बेहतर सा लगा

# मुझे भी

वो चम्बे वाली चप्पल में
पाँव को सिकोड़ती
अपनी चुन्नी से झोले को ढकती
पकड़ के प्याली को दोनों हाथों से
पहली ही चुस्की के साथ कहती
"मुझे बरसात बहुत पसंद है"
मैं मन ही मन बारिश को कोसता
दूर तक फैली धुंध पर झिझकता
नये चमड़े के जूते बर्बाद हो गये सोचता
और फिर,
उसके बालों पे आकर रुकी धुंध के मिहीन मोतियों को
देख कर कहता
मुझे भी।

# गुलमोहर

दो पल फ़ुरसत के चुरा
मैं फिर जा बैठूँ उसी गुलमोहर के नीचे
जहां देखा था पहली दफ़ा तुझे
नारंगी फूलों को किताब में छुपाते हुए

घनी पत्तियों की छाँव में बैठ कर
मैं तेरे आँचल को याद करूँ
नारंगी फूल तो नहीं अभी इस दरख़्त पर
तेरी आँखों को याद कर ही कोई कविता लिखूँ

अबके नई टपरी खुली है बग़ल में
तेरे इंतज़ार में फिर से चाय चख़ूँ
तू आये तो बन जाऊँ गुलमोहर मैं भी
तू जाये तो फिर तेरे आने का इंतज़ार करूँ

# बरसात की एक शाम

कुछ बूँदें यूँही आ बैठी है खिड़की पे हमारी
लगता है,
कुछ कहने की ख्वाईश में है
वो नशा जिससे भरी है शाम
हमें भी उसी में डुबोने की साज़िश में हैं

लगता है आज तारे घर भूल गए हैं अपना
रंग बदल-बदल के
वो सामने के पहाड़ पे टिमटिमा रहे हैं
धीमी हवा के झोंके उड़ा रहे हैं ज़ुल्फ़ें
ना जाने क्यों हम शर्मा रहे हैं

कुछ शाम भी ये धुंधली सी है
कुछ चश्मे पे हमारे ये चाय का असर है
कुछ दिल गुनगुनाने लगा है यूँही
कुछ हाथों में पकड़े इन पन्नों के हक़ीक़त में बदलने
की कसर है

# क्या हर विषय पर कविता लिखना संभव है?

वो ऊन के गोलों को हाथों में घुमाती
सिलाई से कुछ कलाकारी करते करते पूछ लेती
कि क्या हर विषय पर कविता लिख पाना संभव है?
उतना ही संभव जितना तुम्हारे हाथ में उलझे इस
धागे को कोई भी आकार दे पाना है
मैं कह देता हूँ, बिना झिझकाहट

मैं सब्ज़ी लेने बाज़ार जा रही हूँ
क्या कविता लिखी जा सकती है, सब्ज़ी ख़रीदने पर?

उसके हाथों में सफ़ेद झोला देखते ही,
मैं ख़ुद के पैरों को चप्पल की तरफ़ बढ़ता पाता हूँ
टमाटर के विकल्पों की चर्चा करते करते
दुकान के सामने खड़ा हो, ना जाने किस दबाव में आ
जाता हूँ

भिंडी के एक सिरे का तोड़ा जाना
लौकी में नाखून गड़ाया जाना
घुमा-घुमा कर देखा जाना पालक के पत्तों को
और धनिए का कई दफ़ा सूंघा जाना
सब देख कर एक अंदाज़ा लगाता हूँ

कि कैसे,
कैसे 10 साल पहले

मुझे भी यूँ टटोला गया होगा
नाक से लेकर पैर के बारे में शायद कुछ बोला गया
होगा
मेरी कविताओं की चर्चा भी हुई होगी ज़रूर
मोहतरमा ने इतना तो निरूपण किया होगा


इन्ही सब विचारों के बीच
भिंडी के सीरों का एक ढेर सामने पाता हूँ
"चलें?" शब्द से टूटती है विचार माला
और मैं फिर से टमाटर के विकल्पों पे आ जाता हूँ


वो फिर रसोई में टूटे सिरे वाली भिंडी हाथ में लेकर
कहती है
क्या संभव है?
सब्ज़ी ख़रीदने जैसे उबाऊ काम पर कविता लिख
पाना
तो मैं ये काग़ज़ थमा आता हूँ

# मैंने बचपन से देखा है

मैंने बचपन से देखा है
एक मुस्कान को महीनों बाद घर आते हुए
रख कर अटैची दरवाज़े पे
सबको गले लगाते हुए

खिड़की के पास में रखे,
काले फ़ौजी ट्रंक में कहानियों को फुसफुसाते हुए
माहौल कुछ ऐसा कि दीवारें भी हंस दे
उस मुस्कान को कहानियाँ कुछ ऐसे सुनाते हुए
मैंने बचपन से देखा है

हमें हवा में उछाले ऐसे कि चाँद पकड़ ले
ऐसे दो हाथों को माँ के सिर में तेल लगाते हुए
बनाकर स्नोमैन की फ़ौज सब साथ में मिलकर
शहंशाह अन्दाज़ में बेसन बर्फ़ी बनाते हुए
मैंने बचपन से देखा है

हमेशा बड़ी हो जाती ग़ुस्से में
ऐसी दो आँखों को चिंता कहीं छुपाते हुए
पहली दफ़ा हॉस्टल जाने से पिछली रात
गले लगा, उन्हीं आँखों से कुछ समझाते हुए
मैंने बचपन से देखा है

चाहे बारिश चाहे धूप, हमेशा चलते चले
ऐसे दो कदमों को
थकान को भी थकाते हुए
हमारे नए जूतों की ख़ातिर
घिसे जूतों में मीलों चलते चले जाते हुए
मैंने बचपन से देखा है

थोड़ा पुराना हो गया है जो एक अरसे से
ऐसे एक बटुए को राजा बन जाते हुए
एक पल  भी ना करे परवाह अपनी
किसी की छोटी सी हँसी के लिए लुट जाते हुए
मैंने बचपन से देखा है

बजरंगी के चरणों में लगा हमेशा
ऐसे एक दिल को, निराश हताश भी हो तो
हमारी मुस्कान के लिए धड़क जाते हुए
और उसी मुस्कान की ख़ातिर
बाप से पापा बन जाते हुए
मैंने बचपन से देखा है

# फीकी सी धूप

वो जो फीकी सी धूप झांकती है खिड़की से
बरसात के दिनों में
हम उस धूप के पीछे चल दिये

कुछ धीमी से बूँदाबाँदी में भीगते
कुछ सड़क पे नये जूते भिगोते
कुछ पुराने दरख़्तों की टूटी टहनियों से बचते
तो कुछ ख़ुद को पुराने ख़्यालों के तूफ़ान से बचाते
हम बादलों के बीच से कहीं झांकती
एक रोशनी की लकीर के पीछे चल दिये
कई बार दिये है झाँसे जिसने
बरसात के दिनों में,
हम उस फीकी सी धूप के पीछे चल दिये

# नीली पोशाक

नीले परदे, नीली पोशाक
और बग़ल से आती बीप-बीप की आवाज़
कुछ कुर्सियों के ध्यान से खिसकाये जाने की आहट
और कुछ थकी हुई भारी साँसों का एहसास

एक कोशिश
कि आँखें खोलें,
और इस सपने से बाहर आएँ

कि ज़ोर से पर्दा हटाएँ
रोशनी के लिए
हम भी एक कुर्सी खिसकाएँ
बैठने के लिए
फिर सिर रख दें उसके काँधे पे
भारी साँसों का बोझ हटाने के लिए
और एक पुराना गाना बजाएँ बीते वक़्त में लौट जाने
के लिए

अबके लौटे तो थोड़ा और ज़्यादा प्यार करें,
ख़ुद से
थोड़ा और ध्यान रखें
ख़ुद का
अपने लिए
तुम्हारे लिए

किताबों पे जमी धूल अक्सर हटाएँ
बच्चों को कुछ कहानियाँ और सुनाएँ
बिना मतलब भी थोड़ा मुस्कुराएँ
छोटी-छोटी बातों पे ज़्यादा खिलखिलाएँ

एक चम्मच चीनी कम भी चलेगी
नींद में एक घंटे की कमी थोड़ी ना खलेगी
दो घंटे ना सही कुछ मिनटों की हरकत भी जमेगी
कुछ बेमतलब की बहस छोड़ भी दें तो ज़िंदगी और
खिलेगी

एक गाना ख़त्म हुआ तो एक और बजाएँ
बीते कल में लौट जाने के लिए
अबके लौटे तो वहीं रह जाएँ
ज़िंदगी जी लेने के लिए

एक कोशिश
एक कोशिश करें
आँखें खोल होश में आने के लिए
आँखें खोल होश में आने के लिए

# बचपन की ख़ुशबू

मेरे चलते-फिरते दिल का दौड़ के आना
और लाड़ करना बेहिसाब
कस के गले लगाना
और खिलखिलाना बेहिसाब
मेरा लंबी साँस भरना
और शुक्र मनाना बेहिसाब
मेरे मन में फिर एक प्रश्न उठना
और गेरा उसे दबाना बेहिसाब

क्या मैं सम्भाल पाऊँगी
इसके बचपन की ये ख़ुशबू?

पहली दफ़ा गले लगाने की ख़ुशबू
नन्हे हाथों को अपने हाथों में छुपाने की ख़ुशबू
घंटों स्तनों से चिपक सो जाने की ख़ुशबू
घुटनों के बल आ लिपट जाने की ख़ुशबू
नहा धो के तैयार हो मुस्कुराने की ख़ुशबू
चलते-चलते यूँ कंधे पे सो जाने की ख़ुशबू
दोपहर की नींद से उठ मम्मा बुलाने की ख़ुशबू

रात में बार-बार गर्दन पकड़ के मुड़ाने की ख़ुशबू
पहली दफ़ा मेरे बिना रह, देखने भर से रो जाने की
ख़ुशबू
आधी नींद में बातें बनाने की ख़ुशबू
क्या सम्भाल पाऊँगी मैं
मेरी नन्ही जान के बचपन की ख़ुशबू

# क्या बोलूँ

बिन बादल बरसात हो जाये
तो मैं क्या बोलूँ
बीज लगाया जतन से चिड़िया खा जाए
तो मैं क्या बोलूँ
कोई बात बुरी लगे तो बदल लूँ मैं लहज़ा अपना
मेरे साँस लेने भर से कोई चिढ़ जाए
तो मैं क्या बोलूँ

# नारंगी फूल

आज अचानक एक नारंगी फूल को देखा
ऑफिस के लॉन में

बेहद खूबसूरत
तैयार हो मंडप की ओर आती दुल्हन की तरह
लेकिन एक कोने में छुपा हुआ
अनजानी शादी में घुस आये बच्चे की तरह

आवाज़ आई,
"नारंगी फूल तुम्हें पसंद है क्या?"
"बेहद," मैंने कहा
"मुझे बहुत चमकीला लगता है, कुछ आँखों में चुभने
जैसा।" जवाब मिला
मेरे दिल में जैसे कोई काँटा चुभा

मुझे भी लगता तो है चमकीला
लेकिन,
अंधेरे में दीपक जलने जैसा
अचानक लाइट बल्ब ऑन करने जैसा
सुबह की पहली किरण जैसा
और समुंदर में डूबते सूरज जैसा
चमकीला
बहुत चमकीला
लेकिन आँखों में चुभने जैसा नहीं
आँखों के रास्ते दिल को भर देने जैसा चमकीला

# पहाड़ों वाला घर

व्यास के साथ-साथ में चलती एक पगडंडी
पगडंडी के अंतिम छोर पे एक घर
ऊँचे पहाड़ों के बीच गुलाबी फूलों से ढका
सबके सपनों का वो पहाड़ों वाला घर

धूप चटकीली, और हवा भी तीखी
उस पर ठंड अजब, जो कपड़ों की परतें चीरती
उस अजब ठंड से बचाता वो चूल्हे वाला घर
सबके सपनों का वो पहाड़ों वाला घर

सिलबट्टे पे पीसती भंगजीरी की ख़ुशबू
चिमनी के धुएँ से बान की ख़ुशबू
दीवारों में थोड़ी देवदार की ख़ुशबू
हवा में इसकी चैन की ख़ुशबू
ना जाने कितनी ख़ुशबू समेटता
ये लकड़ी का घर
सबके सपनों का वो पहाड़ों वाला घर

एक पेड़ आँगन में खुमानी का
साथ उसके खड़ा अखरोट भी
कुछ दूर डेरा क़ाफ़ल का

हर पेड़ की जड़ों में महकती भांग भी
सबका अपना बना गुलाबी फूलों से घिरा ये पुराना सा
घर
सबके सपनों का पहाड़ों वाला घर

# रविवार का दिन

सो कर थोड़ा लेट उठे
आज पीटी में जाने का झंझट नहीं है
सर्दी की धूप में थोड़ा सुस्ता लिए
आज साढ़े सात बजे नाश्ते की घंटी नहीं है
कल रात ही धोये हैं कपड़े हफ़्ते भर के
आज उसकी भी कोई चिंता नहीं है
आज रविवार का दिन है भाई
आज हमें कोई भी फ़िकर नहीं है

आज मिलने आने वाली है एक सहेली की मम्मी
तो सीडू की आस बनी हुई है
ना जाने सीनियर ने पसंद की है कौन सी मूवी
पर तीन बजे की घंटी पे आँखें टिकी हुई है
अभी पिछले ही हफ़्ते ख़त्म हुई है हर एक प्रतियोगिता
तो प्रैक्टिस से जान बची हुई है
आज रविवार का दिन है भाई
हमें आज कोई भी फ़िक्र नहीं है

आज नंबर है उस नये सिलाए पैरेलल सूट का
ट्रैक सूट को एक दिन की छुट्टी मिली हुई है
थोड़ा सज संवर लें हम भी आज
कुछ आईने पे धूल जमी हुई है
यूँ तो होती रहती है बातें हर रोज़
आज मंडली जमा कर भूतों की कहानी की पिटारी
खुली हुई है
आज रविवार का दिन है भाई
आज हमें कोई चिंता नहीं है

# सर्दी की तैयारी

आज कई दिनों बाद
माँ ने कहा
चल बाज़ार हो आएँ
सर्दी की तैयारी के लिए

थोड़ी ऊन ले आएँ
पापा के नये स्वेटर के लिए
और तुम रंग पसंद कर लेना
अपने और अपनी बहन के मोज़े के लिए

एक ग़लीचा भी देख आएँ
रसोई के लिए
पिछली सर्दी तुम भाई-बहनों ने जला दिया था
मेरा पसंदीदा ग़लीचा
ना जाने किस बचकानी बात के लिए

थोड़े ड्राई फ़्रूट्स ले आएँ
मेथी की पिन्नियों के लिए
एक डब्बा तुम भी लेती जाना
बहुत बढ़िया रहता है सेहत के लिए

एक स्टील के कप का सेट भी देख लेंगे
चाय ज़्यादा देर तक गरम रखने के लिए
ये चीनी मिट्टी के कप पैक कर दिये हैं मैंने
कुछ अजनबी से मेहमानों के लिए

एक गरम सूट सिलवा लेना तुम भी
कभी मंदिर-वंदिर जाने के लिए
अब उठ जल्दी
तैयार हो
हम बाज़ार हो आएँ
सर्दी की तैयारी के लिए

# धीमी सी

उन्होंने पूछा हमसे
कि कैसी ज़िंदगी चाहिए?
धीमी सी।
हर सुबह नारंगी सूरज का इंतज़ार करती
उसकी लालिमा में चाय की चुस्कियाँ लेती
बिना किसी ख़्याल के,
पैर पसारे,
बादाम छीलती
और अपने हर एक पौधे के कानों में कुछ ना कुछ
फुसफुसाती
मुकेश के गानों संग खाना सजाती
तुम्हारी कॉफ़ी बड़े चाव से बनाती
बगीचे में गेंदे और मेथी के बीज बोती
पुरानी बातों पे तुम्हारे संग ठहाके लगाती
बिना जल्दी
बिना हड़बड़ाहट
बहती जाती
धीमी सी
ऐसी ज़िंदगी चाहिए
धीमी सी

# बस, मैं हूँ

गले में बंधी वो गाँठ कहीं जब खुल जाए
सालों से बनाया बांध जतन से
अचानक पल भर में टूट जाए
आंसू समंदर से बह जाएँ
शब्दों के ख़ंजर तुझे भी चुभ जाएँ
मैं टूट जाऊँ कहीं काँच की तरह
फिसल जाऊँ जो कभी रेत की तरह
तो बस
तो बस लगा ले गले
लगा ले गले पहली बार की तरह
और तू कहे कि बस,
बस
मैं हूँ।

# रुक जा

मैंने कहा उससे कि रुक जा
जब भाग रही हो दुनिया
तो थोड़ा ठहर जा
जब मिलने लगे आसमान भी जीवन में
तो थोड़ा सा झुक जा
जब पड़ने लगे बादलों का रंग काला
तो तू ख़ुद थोड़ा निखर जा
दिखने लगे जब बस गाँठे ही गाँठे
तो थोड़ा बिखर जा
जब दिखे ना कोई लक्ष्य सामने
तो बेमन ही सही पर चलता जा
और ऊँचे-नीचे टेढ़े-मेढ़े रास्ते पे ना सुन पाए जो
आवाज़ धड़कनों की
तो कुछ पल के लिए ही सही, पर रुक जा
मैंने कहा उससे कि रुक जा

# मैं नहीं हुई तो

मैं अक्सर पूछा करती हूँ
मुझे याद करोगे,
मैं नहीं भी हुई तो?

क्या रखोगे सँभाल के मेरी चीज़ों को?
मैं नहीं भी हुई तो?
क्या ऐसे ही लटकी रहेंगी तस्वीरें दीवारों पे?
मैं नहीं भी हुई तो?
क्या रोज़ाना हटती रहेगी धूल मेरी किताबों से?
मैं नहीं भी हुई तो?

क्या रसोई में डिब्बे भरे रहेंगे हमेशा?
क्या तुम्हारी चाय में अदरक रहेगा तब भी?
क्या तब भी चुनोगे वही नीली सफ़ेद जयपुरी चादर,
चार तकियों के साथ?

क्या तब भी घर में रहेगा पीली बत्तियों का उजाला,
सूरज ढलने के बाद?
मैं नहीं भी हुई तो?

क्या तब भी चढ़ते रहोगे पहाड़?
क्या तब भी करते रहोगे प्यार?
क्या तब भी चलेंगे हर रोड ट्रिप पर पहाड़ी गाने?
क्या तब भी यूँ ही बेमतलब, छानते रहोगे स्टेशनरी
की दुकानें?
मैं नहीं भी हुई तो?

क्या तब भी हमेशा ठहर जाओगे दो पल, डूबते हुए
सूरज के लिए?
क्या तब भी मेज़ लगाओगे बाहर, बारिश में चाय के
लिए?
क्या तब भी यूँही हंसते जाओगे, हंसी वाले आंसू आँखों
में लिए?
क्या तब भी तकिये पे सिर रखते ही सो जाओगे,
सिरहाने में मेरा एहसास है इसलिए
मैं नहीं भी हुई तो

मैं अक्सर ये पूछा करती हूँ
और तुम हर बार झिड़क देते हो
मैं पूछती हूँ बार बार
शायद इसी झिड़क के लिए
ये झिड़क, निशानी है
निशानी है इस बात की,
कि तुम्हें भी
मेरी तरह

एक पल नहीं बिताना
इस सोच में
कि ज़िंदगी कैसी होगी
मैं नहीं हुई तो
कोई भी एक ना हुआ तो।

# मुझे कवि बनना है

मुझे कवि बनना है
मात्र इसलिए नहीं कि मुझे कविताएँ लिखनी है
और मुझे चाह है कि वो कविताएँ
पढ़ी जाएँ,
सराही जाएँ,
और जगह-जगह दोहराई जाएँ।
किंतु इसलिए ,
कि मैंने ख़ुद को प्रेम विलीन पाया है
एक कवि के दृष्टिकोण में।

मैंने अथाह प्रेम महसूस किया है
उन आँखों के लिए
जो देखती हैं
बारिशों में मोती,
पलकों पे मोती,

और समंदर में मोती,
जो देखती हैं
रिश्तों में धागे,
ख़्यालों में धागे,
आत्माओं में धागे ,
और संकल्पों में धागे।
और फिर
शब्द,
लय,
तुकबंदी,
एहसास,
की चुस्कियों के साथ पिरोती है एक माला
और हमारी आँखें उसी माला को नाम देती है कविता
का।

# चल, वापिस चलते हैं

एक बार वापिस चलें क्या
वो शुरुआत के दिनों में
जब तुम्हें पहली बार देखा था
एचआरटीसी की बस में
जब पहली बार बातें की
और कुछ दोस्ती सा महसूस किया
पहले ही दिन उन पहाड़ी रास्तों पे
कुछ अपना सा एहसास मिला

चल, वापिस चलते हैं
उन्हीं रास्तों पर
जहां मन ख़ाली स्लेट सा था
ना दिमाग़ में कोई मक़सद
ना व्यवहार में कोई बनावट
ना दिल में कोई गिला-शिकवा
ना बोली में कोई मिलावट
ना चाव कुछ पाने का
ना डर कुछ खोने का
बस एहसास
एहसास तेरे होने का
और एहसास, तेरी मौजूदगी में
मेरा मुझ जैसा होने का

चल, वापिस चलते हैं
उन चाय की चुस्कियों के पास
जो साथ लेकर आती थी बातों का पिटारा

ना दिन का होश
ना रात की फ़िक्र
ना ऑफिस की चिंता
ना नींद का ज़िक्र
बस बेमतलब सी बातों में बीतता था वक़्त सारा

चल, वापिस चलते हैं
उस पुराने शहर
जो अब रहा नहीं हमारा
फिर टहलते हैं उन्हीं पुरानी गलियों में
जहां जानता नहीं कोई नाम भी अब हमारा
फिर ढूँढे वो टपरियाँ
जहाँ फिरते थे हम  आवारा
फिर देखे कुछ हसीन सपने
ले के एक दूजे से इशारा

चल, चलते हैं ना?
वो शुरुआत के दिनों में
फिर से वही लम्हे जी आने के लिए
फिर से वही ग़लतियाँ दोहराने के लिए
फिर से हौंसला आज़माने के लिए
और फिर से
फिर से हमारे आज का रास्ता बनाने के लिए
चल, वापिस चलते हैं,
चल वापिस चलते हैं।

# तू

मेरी दुआओं में तू ना हो
तो वो दुआ ही क्या
मेरी मर्ज़ियों में तू ना हो
तो वो मर्ज़ी ही क्या
तू ना हो जिन सपनों में
वो सपने ही क्या
मेरी हंसी में तू ना हो
तो वो हँसी ही क्या
मेरी ख़ुशी में तू ना हो
तो वो ख़ुशी ही क्या
और मेरी ज़िंदगी में तू ना हो
तो वो ज़िंदगी ही क्या

# हे शिवा

हे शिवा
चलते रहना ज़रूरी है क्या?
"बस रुकना नहीं चाहता" की दुनिया में रुक जाना
कमज़ोरी है क्या?

एक अरसे से पीछा किया है
कुछ बातों का
कुछ यादों का
कुछ मंज़िलों का
कुछ ख़्वाबों का
कुछ पा लिया, कुछ बाक़ी है
कहीं चलें अकेले, कहीं पास एक साथी है
थोड़ी थकान सी है
पर मंज़िल का फ़ासला भी बहुत है
चलते रहने की इच्छा भी है
पर शायद रुकने की ज़रूरत बहुत है

कुछ छाले से हैं
मेरे ख़्वाबों के पैरों पर
कुछ परछाइयाँ सी है
मेरे सपनों के बीजों पर
कुछ वक़्त भागने लगा है
मेरे फ़ुरसत के क्षणों में
कुछ नीरस सा राग है
मेरी सुबह के सुरों में

इस नीरसता को जीते जाना ज़रूरी है क्या?
हर रोज़ छालों पे मरहम लगाना ज़रूरी है क्या?
परछाइयों में जिये जाना ज़रूरी है क्या?
बस चलते चले जाना ज़रूरी है क्या?

हे शिवा,
चलते चले जाना ज़रूरी है क्या?
"बस रुकना नहीं चाहता" की दुनिया में रुक जाना
कमज़ोरी है क्या?

# पुरानी शॉल

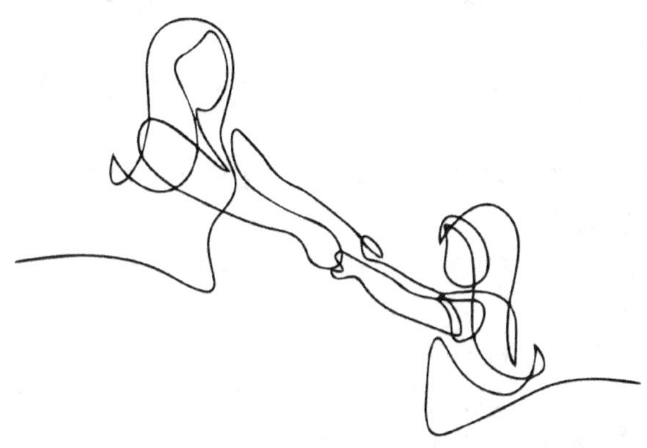

अरे, एक शॉल ही तो है
जाने दो,
पुरानी हो गई है

जनाब, ये शॉल नहीं, मेरा बचपन है
एक काले कैनवास पर
कुछ फीकी लाल लकीरें,
कुछ सफ़ेद तो कुछ सफ़ेद वृत्तों की ये जुगलबंदी
सिर्फ़ एक शॉल नहीं है

ना जाने कितनी सर्दियों में
चूल्हे के आगे बैठ सुनी कहानियों की गरमाहट है
ना जाने कितने दिन हर रोटी के साथ सिकी
मेरी माँ की धीमी-धीमी मुस्कुराहट है

जो भारी से भारी थकान मिटा दे
ये वो बिस्तर है
गोद में बैठ इसमें छुप जाओ तो हर डर मिटा दे
ये वो घर है
जनाब, ये सिर्फ़ एक पुरानी शॉल नहीं, मेरा बचपन है

पूरा साल पापा के फ़ौजी ट्रंक में सम्भाल के रखी हुई
एक याद है
हर सर्दी में धूप लगा पहनी गई एक गहना है
दोनों बहनों की ख़ुद में लपेट कर,
माँ जैसा बनने की कल्पना है
ये माँ की माँ जैसा होने की सराहना है
ये सिर्फ़ एक पुरानी शॉल नहीं
मेरा बचपन है
मेरा बचपन है

# मैंने देखा है, सुकून को

क्या कभी सुकून को देखा है?
मैंने देखा है
हज़ारों दफ़ा

मैंने देखा है उसे
कुछ पंख लगा उड़ते क्षणों में
कभी कोशिश भी की
उन उड़ते क्षणों को रोक लेने की
पर अक्सर पाया है
कि कुछ पकड़ते पकड़ते, कुछ छूट जाता है
तो बस अब यूँ ही
बिना कुछ पकड़ने की कोशिश में
मैंने देखा है सुकून को
हज़ारों दफ़ा

कभी उबलती हुई चाय में
कभी देवदार के जंगल में

कभी आधी रात वाले ठहाकों में
कभी मेरी माँ की सालों पुरानी शॉल में
कभी तितली के पंखों में
कभी गुलमोहर के फूलों में
कभी नदी के गोल पत्थरों में
तो कभी समंदर की रेत में
मैंने देखा है, सुकून को
हज़ारों दफ़ा

कभी दौड़ते हुए पतली पगडंडियों पर
कभी बर्फ़ीले पहाड़ों के पीछे से उगते सूरज में
कभी उसी सूरज के समंदर में डूब जाने में
कभी फिर से सुबह मेरी खिड़की पे लौट आने में
मैंने देखा है, सुकून को

कुछ खूबसूरत, तो कुछ अटपटी जगहों पर
कुछ सीधी, तो कुछ टेढ़ी-मेढ़ी राहों पर
हैरानी है,
कि कभी बैंगलोर के ट्रैफिक में
तो कभी मेरे बच्चे की पेंटिंग में
कभी प्यार से परोसी गई खाने की थाली में
कभी पिछले साल वाले आम के अचार में
कभी बालकनी में लगे पौधे की नई कोपल में
कभी दुनिया घूम घिस गई पुरानी चप्पल में
मैंने देखा है सुकून को
हज़ारों दफ़ा

कभी उस पेड़ में
जो रोज़ फूल पत्ते गिराता है मेरी बालकनी में

कभी उस छत पर
जहां रात गुज़रती है चाँदनी में
कभी उन आँखों में
जो हर बार मुस्कुराती हैं मुझे देखने भर से
और हर बार
हर बार उस ख़ुशबू में
जो मुझमें समा जाती है अपनों को गले लगाने से


तो हाँ
मैंने देखा है
सुकून को
हज़ारों दफ़ा।

# जादू

कहीं प्यार-मोहब्बत
कहीं कामयाबी
तो कहीं शोहरत नहीं मिलती
कहीं बरकत
कहीं शराफ़त
तो कहीं इनसानियत नहीं मिलती
सब मिल भी जाए तो कहीं
सपने देखने की इजाज़त नहीं मिलती
मिली इजाज़त भी कहीं
तो पूरा करने की मोहल्लत नहीं मिलती
कुछ तो जादू छुपा रखा है इन मुट्ठियों में हमने
यूँही किसी को ऐसी ज़िंदगी नहीं मिलती

# हंसती बहुत हो

कल शाम ही फिर से सुना है मैंने
कि मैं हंसती बहुत हूँ,
रात को दिन बनाने की कला सीखी है बड़े जतन से
यूँही नहीं मैं कलाकार हूँ।

# ख़ुदगर्ज़

तुमने लिखा है
ना जाने कितनी चीज़ों के बारे में
दो लफ़्ज़ हमारी दोस्ती के लिए ना निकले
तुम्हें सम्भाल के रखना चाहते हैं
बस अपने लिए
हम दोस्त थोड़े ख़ुदगर्ज़ क़िस्म के निकले।

# तुम अलग हो

लो आज फिर सुन लिया
कि तुम अलग हो
अलग हो सब लड़कियों से जिन्हें देखा है हमने
अलग हो सब लड़कियों से जिन्हें जाना है हमने
हाँ अलग तो हूँ
बस उतनी ही अलग
जितने तुम हो मुझसे
जितना हर कोई है किसी और से
बस उतनी ही अलग
उससे कुछ कम नहीं
उससे कुछ ज़्यादा नहीं
बस उतनी ही अलग

अजीब बात है ना
कि "तुम अलग हो" कहा जाता है प्रशंसा की तरह
और मैं सुन पाती हूँ इसे बाक़ी सबकी निंदा की तरह
कुछ तो खनकता है दिमाग़ में कहीं
मैं ढूँढने लगती हूँ कि कैसे
कैसे मैं भी हूँ बाक़ी की सारी लड़कियों की तरह
समान
समान एक दम वर्णमाला के हर एक वर्ण की तरह

मुझे रंग पसंद है
गुलाबी नहीं तो नारंगी सही
मुझे फूल पसंद है
मोगरा नहीं तो गुलमोहर सही

मैं कमाती भी हूँ
मैं शर्माती भी हूँ
"तुम्हारी हँसी बहुत बेपरवाह है" कह दे जो कोई
मैं इतराती भी हूँ

मुझे सजना पसंद है
सजाना पसंद है
मुझे रूठना पसंद है
मनाना पसंद है
मुझे कलाकारी पसंद है
कलाकार पसंद है
मुझे हँसना पसंद है
हँसाना पसंद है

मेरे सपने भी है
ख्वाइशें भी है
कुछ छोटी सही
कुछ बड़ी भी है

मैं आख़िर में हूँ बाक़ी सारी लड़कियों की तरह
समान एक दम वर्णमाला के हर एक वर्ण की तरह
अलग एक दम हर वर्ण की ध्वनि की तरह

# एक कबूतर

एक कबूतर मेरी छत पे आता बहुत है
धीमे-धीमे इतराता बहुत है
डर क्या है शायद पता नहीं उसको
मुझे देख-देख सताता बहुत है

मैं पुराने ज़माने में रहती होती तो क्या
रोज़ उड़ उड़ कर ये कोई पैग़ाम लाता तो क्या
जिसकी सोच में रहते हैं
उसके दिल का हाल बताता तो क्या
ये ख़्याल मुझे लुभाता बहुत है
एक कबूतर मेरी छत पे आता बहुत है।

# वो

आज सुबह उठते ही
वो आईने पे लगे बच्चों के हाथों के निशान मिटाने
लगी
चाय भी थोड़ी जल्दी में पी
और फिर रसोई सजाने लगी
नहाने का पानी थोड़ा कोसा रह गया
तो बस यूँही चिल्लाने लगी
क़मीज़ की सिलाई थोड़ी उधड़ी हुई थी
देख कर यूँ झल्लाने लगी
वो जो सुबह उठते ही गुनगुनाती थी मुकेश के गाने
ना जाने क्यों ऐसे बड़बड़ाने लगी
गले लगा के डिब्बा थमाती थी रोज़
क्यों बातें अचानक सुनाने लगी

"क्यूँ गुस्से में हो?" पूछने का मौक़ा नहीं
"गुस्से में और भी खूबसूरत लगती हो" कहने जैसे
हालात नहीं
"आज ऑफिस जाने का मन नहीं है" कह दिया
वो उस पर भी आँखें दिखाने लगी
"तुम दिन भर करती ही क्या हो?" कह के गए थे
मेहमान कल कोई
वो तबसे ही नज़रें चुराने लगी
एक बात ने खोल दिया कई आधे सपनों का डिब्बा
वो ढक्कन की तलाश में यूँ बेवजह चक्कर लगाने
लगी।

# और फिर

और फिर
बिना बताए
बिना किसी शोर के
बिना हल्की सी आहट किये
वो लम्हा दस्तक देता है दरवाज़े पे
और उस एक लम्हे में
कुछ बदल सा जाता है

कुछ हवाओं की दिशा
या जीने का सलीका
कुछ आसमान का रंग
या दुनिया देखने का ढँग
कुछ इस दिल की चाहत
या फिर कैसे मिलती है इसे राहत

कुछ तो बदल जाता है
उस एक लम्हे में
वो एक लम्हा
जो आता है
बिना बताए
बिना किसी शोर के
बिना हल्की सी आहट किये।

# ख़ुशनुमा शाम

कुछ बारिश की बूँदें
कुछ मिट्टी की ख़ुशबू
कुछ धीमे से कानों में कुछ कहती हवा
कुछ हल्की सी धुंध
कुछ डूबता हुआ सूरज
और कुछ बगल वाले घर के चूल्हे से उठता धुआँ।

# चल बैठे

कुछ ख़्वाब से थे आँखों में
हम ख़्वाब लिए चल बैठे
सवाल घिरते गये जब चलते-चलते
हम सवाल लिए चल बैठे

ठहरे ज़रूर, दो पल यहाँ, दो पल वहाँ
फिर दिल में वो ठहराव लिए चल बैठे
किसी ने रोका
तो रुक गये
दो बातें की
तो सुन लिए
कुछ कहानियाँ कही
कुछ कहानियाँ सुनी
फिर जोड़ के सारे अल्फ़ाज़ लिए चल बैठे
वक़्त के साथ साथ
हम कहानियों की बारात लिए चल बैठे

किसी ने पूछा
अब निकले हो,
तो क्या ठहरोगे नहीं?
हम थमे ज़रूर
थोड़ा सोचे भी
फिर नये ख़्यालात लिये चल बैठे
यूँ चलते-चलते फिर जगने लगे ख़्वाब नये
हम उन्हें भी साथ लिये चल बैठे।

# तुम पहला कदम तो लो

मैं मिलूँगा तुम्हें हर मोड़ पे रास्ते बनाते
तुम पहला कदम तो लो
मंज़िल से फाँसले  के डर से मिट जाते है सपने हज़ारों
उन फाँसलों से दो पल हटा के नज़र
पहला कदम तो लो

मैं हूँ
पास तुम्हारे
भीतर तुम्हारे
इसी विश्वास के सहारे
पहला कदम तो लो
पुकारने भर की भी ज़रूरत ना पड़े शायद
इस तरह हूँ साथ तुम्हारे
तुम पहला कदम तो लो
मन शांति खड़ी होगी पहले ही मोड़ पे
आगे कुछ तरक़्क़ी के निशान भी होंगे
जिस कामयाबी को पकड़ लेने की है कोशिश
उस कोशिश में कुछ इम्तिहान भी होंगे
उन इम्तिहानों से दो पल हटा के नज़र
तुम पहला कदम तो लो

प्यार यहीं
जज़्बात यहीं
कुछ बिगड़े से हालात यहीं
हालातों से बढ़ कर आगे

आसमान खुले में साँस तो लो
बदलते दिखेंगे हालात भी यहीं
तुम पहला कदम तो लो

# शुक्रिया शिवा

शुक्रिया शिवा
कि ज़िंदगी है,
और जीने की चाह भी।
ज़िंदगी के सफ़र में मिले जो अपने,
उन अपनों से लगाव भी।

शुक्रिया शिवा
कि ख़्वाब है,
और उन्हें पूरा करने की क्षमता भी।
और इस क्षमता ने दिया है जो आत्मविश्वास,
उस आत्मविश्वास में थोड़ा गहराव भी।

शुक्रिया शिवा
कि दिल है,
और उसे प्यार से भर देने वाले अनुभव भी।
इन अनुभवों ने बनाया जो व्यक्तित्व,
उस व्यक्तित्व में थोड़ा ठहराव भी।

शुक्रिया शिवा
कि चुनौतियाँ भी हैं,
उन चुनौतियों से लड़ने की क्षमता भी।
इस शक्ति ने दिया है जो हौंसला ,
उस हौंसले में तेरा नाम भी।
शुक्रिया शिवा
शुक्रिया शिवा।